Apoio Escolar

Aprenda a Letra Cursiva

Dados Internacionais de Catalogação na Publicação (CIP) de acordo com ISBD

P364a   Pecand, Kátia

        Apoio Escolar - Aprenda a letra cursiva: Ovelha Rosa na Escola / Kátia Pecand ; ilustrado por Lie Nobusa. - Jandira : Ciranda Cultural, 2021.
        48 p. : il. ; 20,1cm x 26,8cm.

        ISBN: 978-65-5500-758-9

        1. Educação infantil. 2. Alfabetização. 3. Aprendizado. 4. Coordenação motora. 5. Alfabeto. 6. Letra cursiva. 7. Língua Portuguesa. I. Nobusa, Lie. II. Título.

2021-1509   CDD 372.2
                                                                              CDU 372.4

Elaborado por Vagner Rodolfo da Silva - CRB-8/9410

Índice para catálogo sistemático:
1. Educação infantil: Livro didático 372.2
2. Educação infantil: Livro didático 372.4

Este livro foi impresso em fontes VAG Rounded, Roboto, Irineu Brasil e Irineu Brasil Pontilhada sobre papel Holmen Trnd 80g/m² (miolo) e papel-cartão triplex 250g/m² (capa) na gráfica Grafilar.

Ciranda na Escola é um selo da Ciranda Cultural.

© 2021 Ciranda Cultural Editora e Distribuidora Ltda.
Texto: @ Kátia Pecand
Ilustrações: @ Lie Nobusa
Capa e diagramação: Imaginare Studio
Revisão: Ana Paula de Deus Uchoa, Paloma Blanca A. Barbieri e Adriana Junqueira Arantes
Produção: Ciranda Cultural

1ª Edição em 2021
2ª Impressão em 2021
www.cirandacultural.com.br

Todos os direitos reservados. Nenhuma parte desta publicação pode ser reproduzida, arquivada em sistema de busca ou transmitida por qualquer meio, seja ele eletrônico, fotocópia, gravação ou outros, sem prévia autorização do detentor dos direitos, e não pode circular encadernada ou encapada de maneira distinta daquela em que foi publicada, ou sem que as mesmas condições sejam impostas aos compradores subsequentes.

Apoio Escolar

Aprenda a Letra Cursiva

OLÁ! SEJA BEM-VINDO AC APOIO ESCOLAR OVELHA ROSA NA ESCOLA - APRENDA A LETRA CURSIVA!

NESTE LIVRO, A CRIANÇA APRENDERÁ A LETRA CURSIVA DE MANEIRA FÁCIL E DIVERTIDA COM A OVELHA ROSA E SEUS AMIGOS.

O QR CODE QUE VOCÊ ENCONTRA ABAIXO DIRECIONARÁ A UM VÍDEO EXPLICATIVO, COM ORIENTAÇÕES SOBRE O CONTEÚDO DESTE LIVRO, PARA QUE SEU APRENDIZADO SEJA MUITO MAIS PRAZEROSO E DIVERTIDO.

VAMOS LÁ? BONS ESTUDOS!

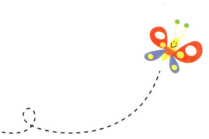

Olá! Tudo bem? Estou muito feliz por acompanhar você neste livro repleto de atividades!

Neste livro, iremos conhecer e praticar as letras na forma cursiva. Vai ser muito legal! Prepare-se para muito aprendizado e diversão!

Seja bem-vindo!

Escreva seu nome aqui.

Vamos passear pelo jardim da fazenda Santa Rosa? A Ovelha Rosa adora brincar com os bichinhos do jardim. Cubra os pontilhados e veja alguns deles. Depois, pinte-os.

Os animais da fazenda querem ajudar a Dona Rosa a guardar cada pincel em uma lata de tinta. Contorne os pontilhados do caminho que cada um terá que fazer e pinte os desenhos com suas cores preferidas!

Para deixar o jardim da fazenda sempre florido, a Dona Rosa rega as flores todos os dias. Afinal, as plantas necessitam de água para viver. Contorne os pontilhados para que a água chegue a cada florzinha.

Que confusão! A Ovelha Rosa se perdeu da sua amiga. Ajude-a a chegar até o outro lado, seguindo o caminho dos pontilhados.

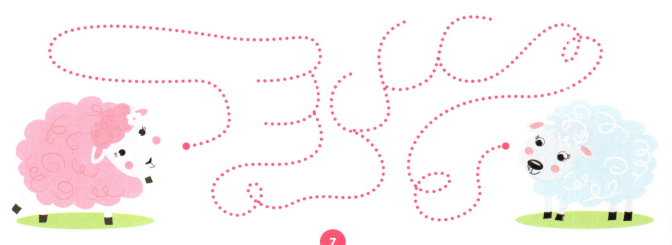

A Dona Rosa convidou alguns animais da fazenda para apresentar a você as vogais nas quatro formas:

Ligue a vogal que está sozinha ao grupo a que ela pertence.

Veja o que a Ovelha Rosa veio mostrar! Ela separou as vogais em dois quadros: **maiúsculas** e **minúsculas**.

Maiúsculas

A - a - E - ɛ - I - i - O - o - U - u

Minúsculas

a - a - e - e - i - i - o - o - u - u

Agora, ela quer que você ligue as figuras às vogais iniciais de cada uma.

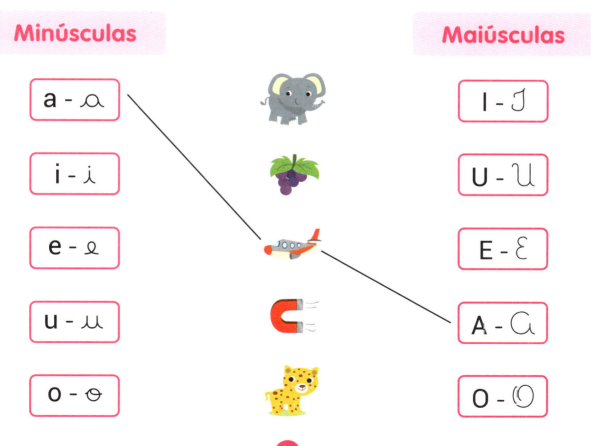

arara

A arara é uma ave
de penas coloridas.
Quando ela aparece na fazenda,
Dona Rosa diz que é a preferida.

Pinte de amarelo todas as vogais
A – a – A – a que aparecem na
quadrinha acima.

Hora de praticar!

A formiga disse à Ovelha Rosa
que queria ser bem grande
e andar toda elegante
igual ao elefante.

Na quadrinha, circule de vermelho a palavra **elefante**. Depois, circule de azul a palavra que termina com o mesmo som da palavra **elefante**.

Hora de praticar!

Na caixa de brinquedos
que há na fazenda Santa Rosa,
tem pipa, boneca e robô,
mas a Ovelha Rosa brinca de ioiô.

Qual palavra da quadrinha rima com **ioiô**? Pinte a resposta correta.

Hora de praticar!

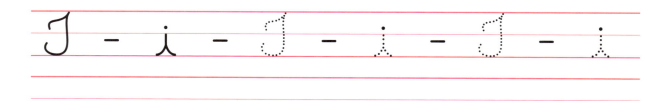

12

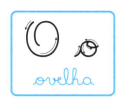
ovelha

A Ovelha Rosa é fofinha,
e tem uma cor diferente.
Amiga dos animais,
ela encanta toda gente.

Qual destes animais também tem o nome iniciado pelo som da vogal O – o – O – o? Pinte-o.

Hora de praticar!

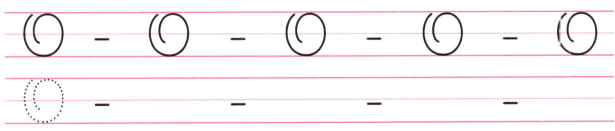

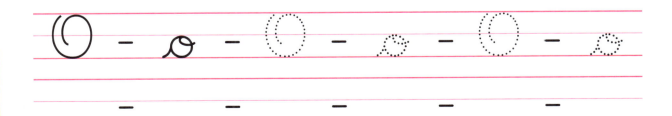

13

No pomar da fazenda,
há uvas bem docinhas.
Dona Rosa recolhe todas
e as leva pra cozinha.

Veja que lindo cacho de uvas! Pinte apenas as vogais U – u – U – u que você encontrar.

Hora de praticar!

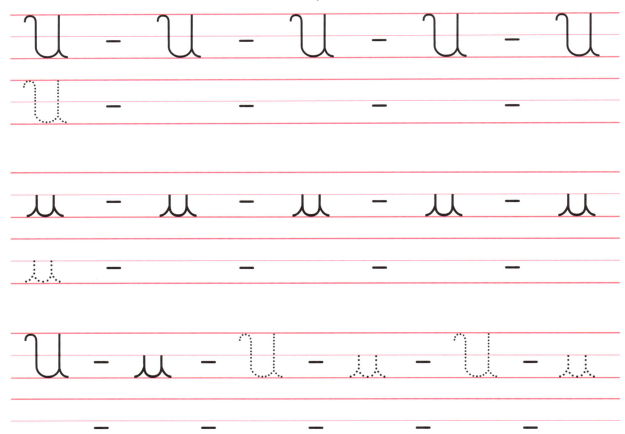

Os animais da fazenda adoram ver a Dona Rosa plantar suas flores. Pinte de **azul** os vasos com as vogais **minúsculas** e de **amarelo** os vasos com as vogais **maiúsculas**.

Veja que lindas as flores do jardim da Dona Rosa! Escreva as vogais que estão faltando dentro de cada uma.

Pratique:

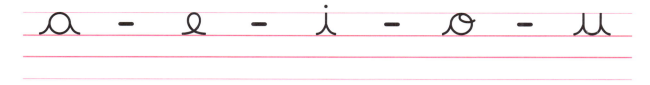

Muitas crianças visitam a fazenda Santa Rosa. Vamos conhecer algumas delas? Escreva no quadro a vogal inicial de cada nome.

Importante saber!
Para escrever o nome de uma pessoa, a primeira letra sempre será maiúscula!

Vamos ligar as vogais maiúsculas e minúsculas?

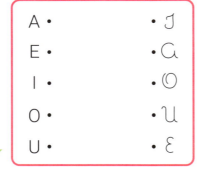

Pratique:

O porquinho e a Ovelha Rosa precisam completar a primeira e a última letra de cada palavra. Vamos ajudá-los?

a - e - i - o - u

Veja que legal! Os animais da fazenda se reuniram para ver você escrevendo as vogais!

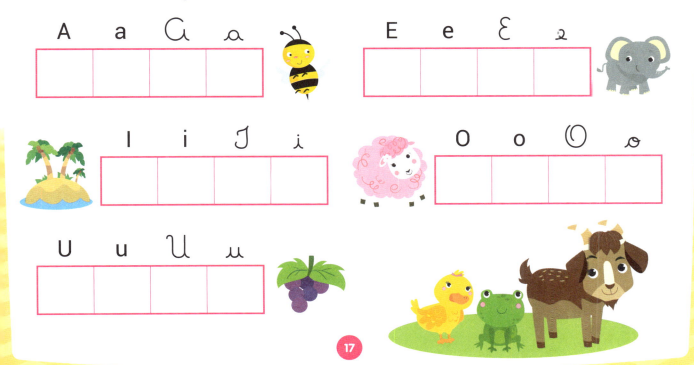

Para descobrir qual encontro vocálico (encontro de duas vogais) aparecerá, escreva a vogal inicial de cada figura e, depois, forme a palavra.

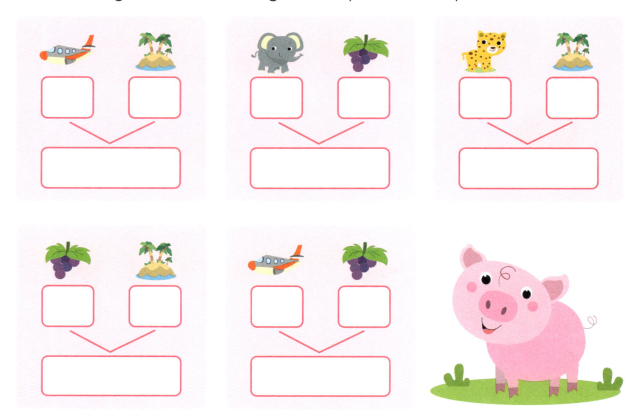

Leia e pratique os encontros vocálicos.

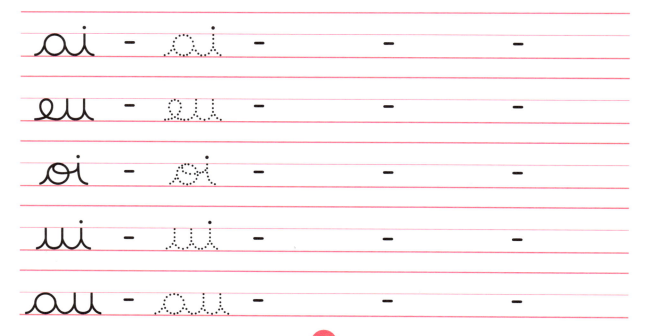

Observe algumas cenas que acontecem na fazenda Santa Rosa e escreva os encontros vocálicos correspondentes em cada balão.

ai – oi – eu – au – ei

Vamos praticar?

ai	au	oi	ei	eu

Vamos fazer a correspondência? Leia e ligue as palavras iguais: **maiúsculas** e **minúsculas**.

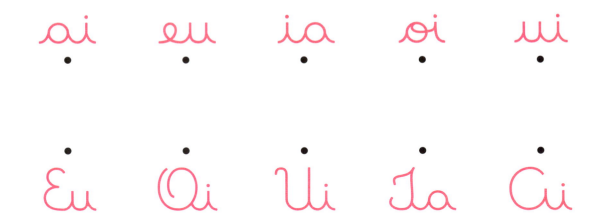

Os animais da fazenda precisam desvendar o significado das figuras. Vamos ajudá-los?

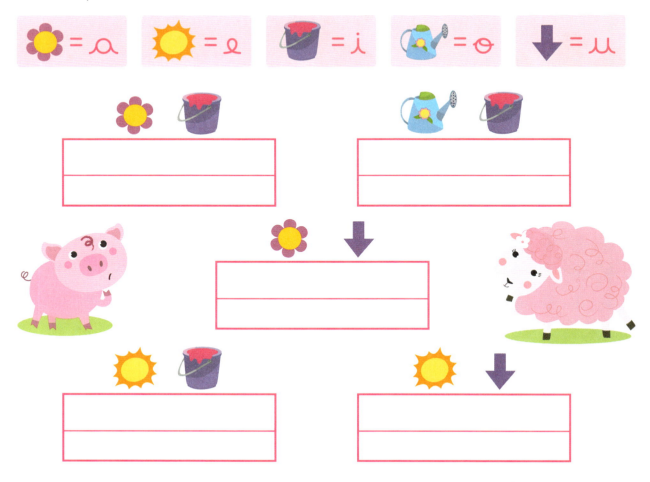

A Ovelha Rosa e a Dona Rosa vieram apresentar para você o alfabeto com as quatro formas das letras!

| A a  𝒜 𝒶 | B b  ℬ 𝒷 | C c  𝒞 𝒸 | D d  𝒟 𝒹 | E e  ℰ 𝑒 | F f  ℱ 𝒻 | G g  𝒢 𝑔 |

| H h  ℋ 𝒽 | I i  ℐ 𝒾 | J j  𝒥 𝒿 | K k 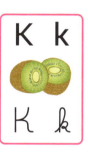 𝒦 𝓀 | L l  ℒ 𝓁 | M m  ℳ 𝓂 | N n  𝒩 𝓃 |

| O o 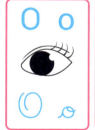 𝒪 𝑜 | P p  𝒫 𝓅 | Q q 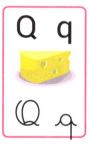 𝒬 𝓆 | R r  ℛ 𝓇 | S s  𝒮 𝓈 | T t  𝒯 𝓉 | U u  𝒰 𝓊 |

| V v  𝒱 𝓋 | W w  𝒲 𝓌 | X x  𝒳 𝓍 | Y y  𝒴 𝓎 | Z z  𝒵 𝓏 |

Nas próximas atividades, vamos conhecer e praticar a forma cursiva das consoantes!

O boi lá da fazenda
não tem cara de bravo.
Ele é forte e grandão,
bonzinho e animado!

Encontre e circule na quadrinha as palavras iniciadas com a consoante B – b – B – b.

Hora de praticar!

O cachorro corre, corre, brincando com a Ovelha Rosa. Ele é muito levado e diverte a Dona Rosa.

Pinte estes outros animais cujo nome começa com o som da consoante C – c – C – c.

Hora de praticar!

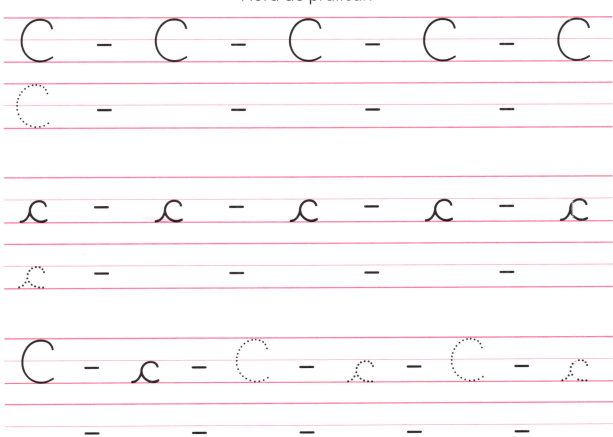

dente

O cavalo acordou triste,
pois está muito doente.
Sabe o que aconteceu?
Ele está com dor de dente!

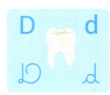

Pinte o quadro que apresenta as quatro formas da consoante D – d – D – d.

| D – b – d – D | b – d – D – D |
| D – d – D – d | D – d – b – D |

Hora de praticar!

D - D - D - D - D

D - - - -

d - d - d - d - d

d - - - -

D - d - D - d - D - d

- - - - -

24

*Flor rosa, flor vermelha,
flor branca e amarela.
Todas elas são cheirosas,
no jardim da Dona Rosa.*

Para encontrar o caminho que levará Dona Rosa até o jardim, pinte a consoante F – f – F – f onde ela aparece.

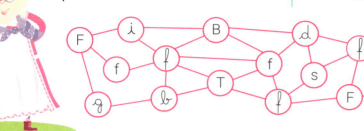

Hora de praticar!

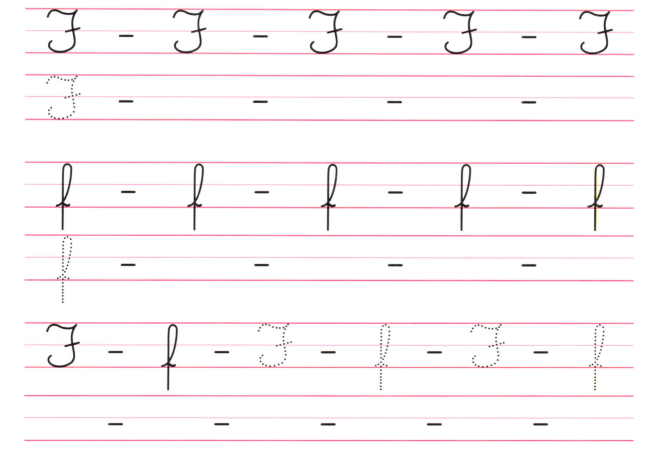

G g
galinha

A galinha foi bondosa
e também se pintou de rosa.
A Ovelha Rosa ficou contente
e não se sentiu diferente.

Faça o desenho de dois animais cujo nome começa com a consoante
G – g – G – g.

Hora de praticar!

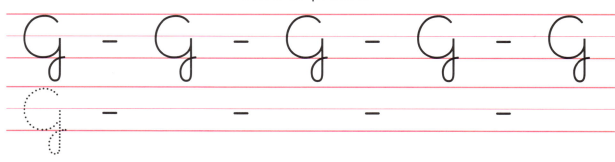

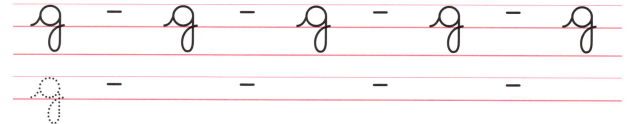

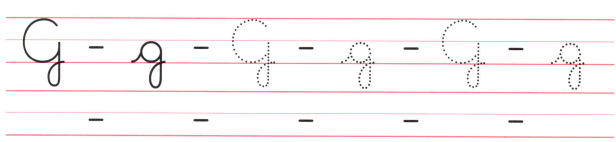

helicóptero

Um helicóptero pousou na fazenda, assustando a bicharada. Dona Rosa então percebeu que a hélice estava quebrada.

Pinte de azul todas as letras H – h – H – h que você encontrar.

H	s	b	L	H
h	A	h	H	T
S	h	H	B	h

Hora de praticar!

H - H - H - H - H

H - - - -

h - h - h - h - h

h - - - -

H - h - H - h - H - h

- - - -

Bem cedinho,
Dona Rosa abre a janela.
Logo vem a joaninha
ficar pertinho dela.

O nome de qual destes animais começa com o som da consoante J – j – J – j? Pinte-o.

Hora de praticar!

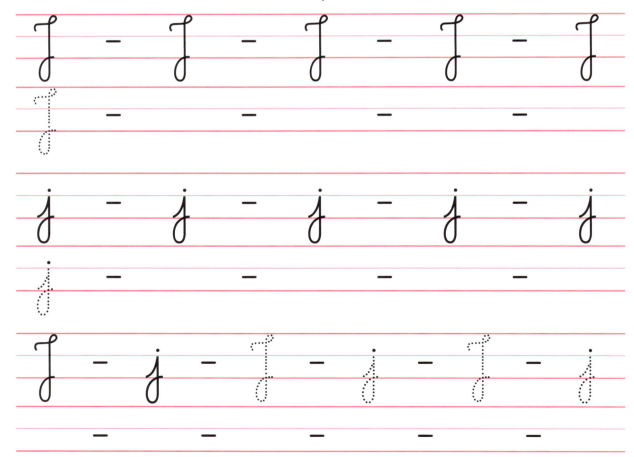

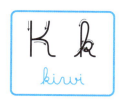

Kiwi é uma fruta azedinha
e nasce lá no pomar.
Kiwi é todo verdinho,
quem provar vai gostar.

Pinte os desenhos cujo nome começa com o som da letra K – k – K – k.

Hora de praticar!

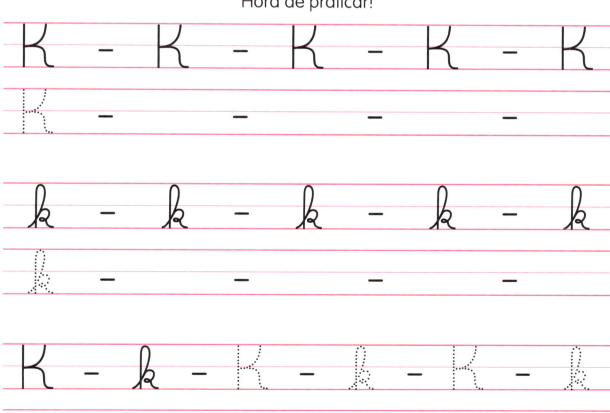

Quando anoitece,
a lua aparece.
O dia chegou ao fim,
é hora de dormir.

Observe a escrita da palavra **lua**. Pinte de azul as vogais e de amarelo a consoante.

Hora de praticar!

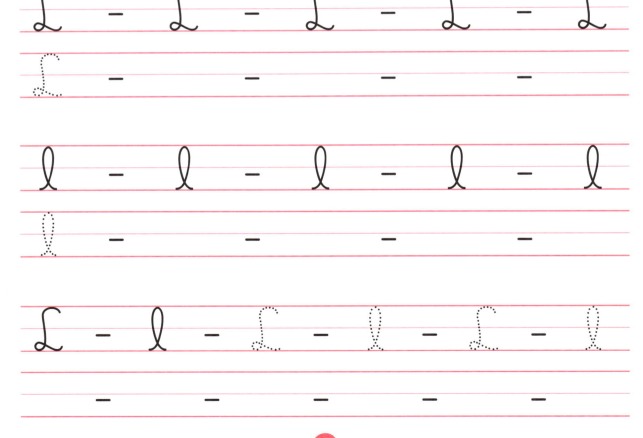

O porquinho no chiqueiro
levou um susto danado.
Ele viu um morcego
no teto pendurado.

Veja a palavra **morcego** e ligue as letras iguais.

| M | O | R | C | E | G | O |

Hora de praticar!

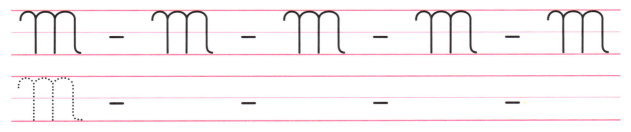

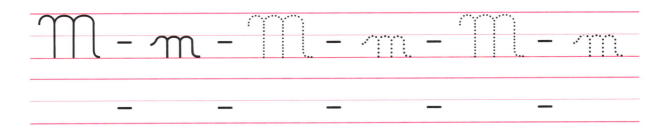

31

nuvem

A nuvem lá no céu
parece um algodão.
Ela é tão fofinha,
igual ao pelo das ovelhinhas.

Circule de vermelho todas as letras N – n – N – n que aparecem nas palavras abaixo.

| Natália | ANA | noiva |
| ninho | banana | NOITE |

Hora de praticar!

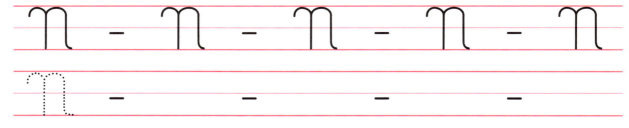

O pato e a pata
são grandes amigos.
Um ajuda o outro
na hora do perigo.

A palavra **pato** rima com o nome de qual imagem abaixo? Pinte-a.

Hora de praticar!

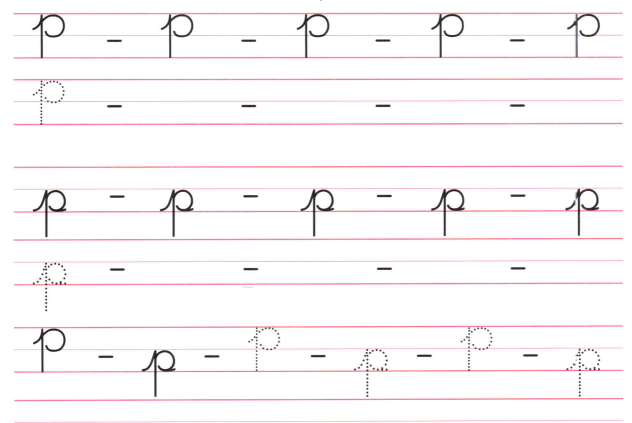

queijo

Na geladeira tem um queijo gostosinho. Dona Rosa usa o queijo para fazer salgadinho.

Pinte os desenhos cujo nome começa com o som da letra Q – q – Q – q.

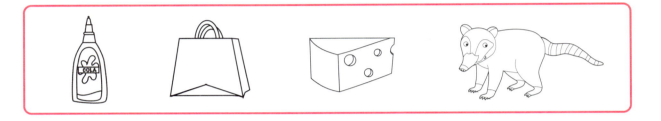

Hora de praticar!

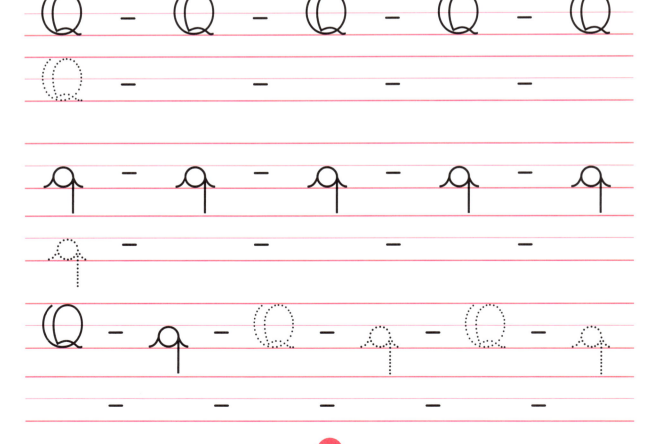

rosa

Dona Rosa é assim,
sempre gostou da cor rosa.
Mas um dia aprendeu
que todas as cores são graciosas.

Circule de cor-de-rosa todas as palavras **rosa** que você encontrar.

| ROSA | ralo | rua | Rosa | rato |
| rolimã | rosa | rabo | rosa | |

Hora de praticar!

R - R - R - R - R

R - - - -

r - r - r - r - r

r - - - -

R - r - R - r - R - r

- - - -

35

sino

Para acordar os animais, Dona Rosa toca o sino. Todos eles saem correndo para ver o dia lindo!

Pinte os desenhos cujo nome tem o som inicial da consoante S – s – S – s.

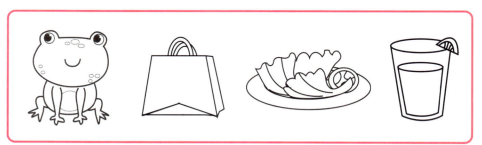

Hora de praticar!

Tita é uma tartaruga
da fazenda Santa Rosa.
Tita é pequenina
e bem vagarosa.

Pinte, no casco da tartaruga Tita, a consoante T – t – T – t que você encontrar!

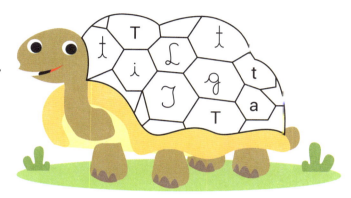

Hora de praticar!

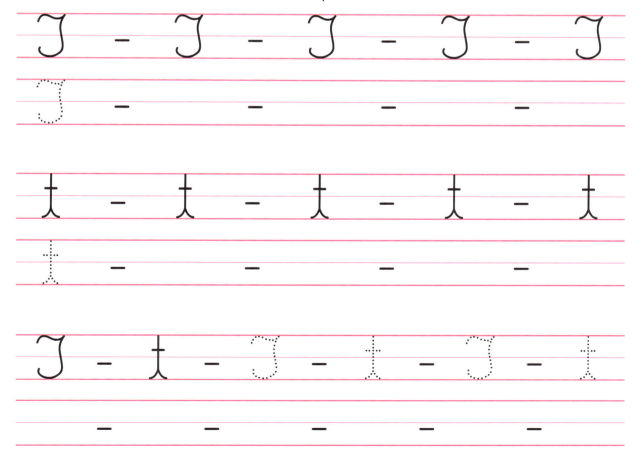

Para limpar a fazenda,
precisamos de uma vassoura.
A vassoura vai limpando
e a sujeira vai tirando.

Encontre e circule na quadrinha a palavra **vassoura**.

Pinte abaixo as consoantes dessa palavra.

| v | a | s | s | o | u | r | a |

Hora de praticar!

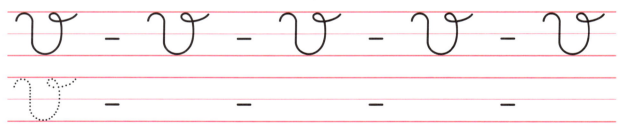

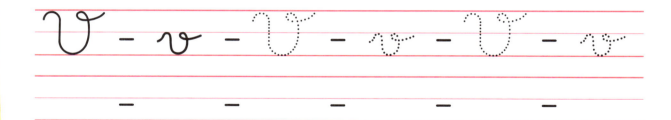

 Dona Rosa usa um walkie-talkie, para saber o que está acontecendo: se seus animais estão seguros, brincando, dormindo ou comendo.

Pinte outras imagens cujo nome também começa com a letra **w**.

walkman

webcam

wafer

Hora de praticar!

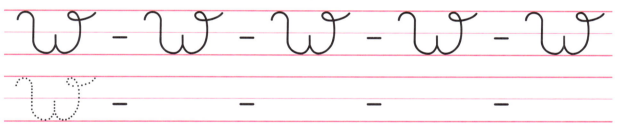

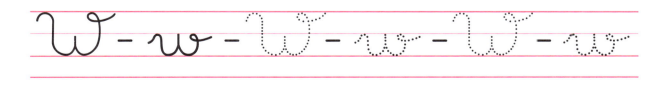

Dona Rosa acorda cedo
para preparar o cafezinho.
Ela o coloca na xícara
e o toma bem quentinho.

Pinte na xícara todas as palavras que apresentem a consoante X – x – X – x.

xale   LIXO   UVA
PIPA   Xuxa
caixa

Hora de praticar!

Yago

Yago é um menino
que adora a natureza.
Yago visita a fazenda
e se diverte que é uma beleza!

Para chegar à fazenda, **Yago** deverá ir pelo caminho que tem as palavras com a letra **y**. Encontre esse caminho e pinte-o.

igreja — JACARÉ — xícara — SAPATO — UVA

YASMIN — yakisoba — YARA — yorkshire — Yuri

Hora de praticar!

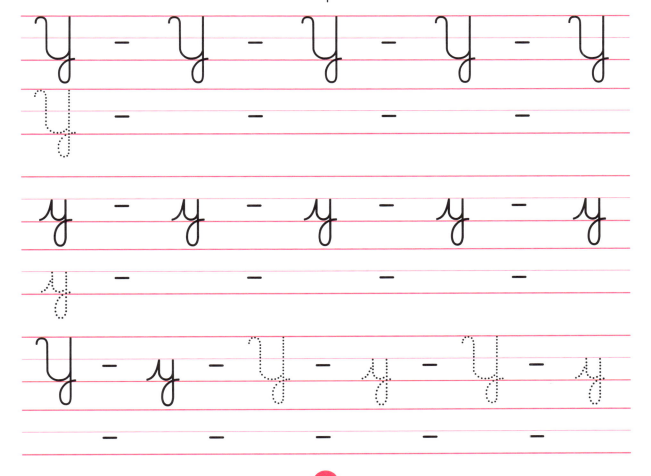

 zangão

Os animais da fazenda
têm medo do zangão.
Quem chega perto da colmeia,
ele pica com o ferrão.

Circule na quadrinha as duas palavras que terminam com o som ÃO – ão – ão.

Pinte o animal ao lado cujo nome inicia com o som do Z – z – Z – z.

Hora de praticar!

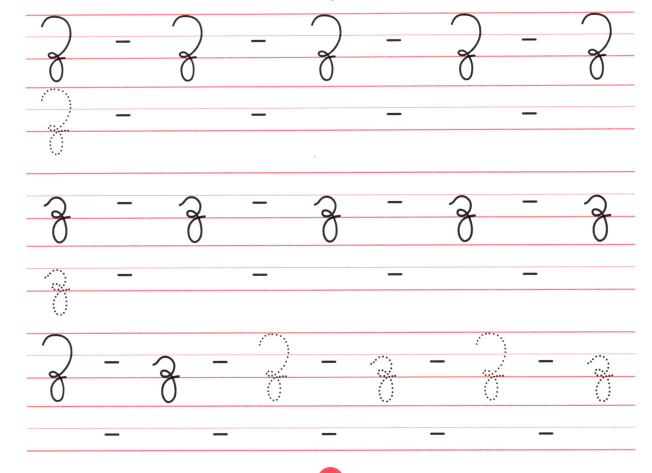

Muitas crianças visitam a fazenda Santa Rosa para conhecer a Ovelha Rosa e brincar com os animais. Para saber o nome de cada criança, complete-o com a letra inicial maiúscula.

Não se esqueça: em nome de pessoas, a letra inicial é maiúscula.

A macieira do pomar da Dona Rosa está repleta de maçãs! Pinte de vermelho as maçãs com letras maiúsculas e de verde as maçãs com letras minúsculas. Vamos lá?

A Dona Rosa continua deixando as latas de tinta espalhadas pela fazenda. Observe-as abaixo e pinte com cor igual as latas com a mesma letra.

A Ovelha Rosa e o cachorro saíram para passear pela fazenda. No caminho, encontraram vários bichinhos. Será que você sabe escrever com letra cursiva a primeira letra de cada um deles? Vamos lá!

Dona Rosa está fazendo um livro com desenhos de animais.
Ela quer sua ajuda para completar o livro. Faça o desenho de um animal cujo nome comece com a letra indicada.

Mostre aos animais da fazenda Santa Rosa como você está craque na escrita cursiva do alfabeto!

Alfabeto minúsculo

a – b – c –

Alfabeto maiúsculo

A – B – C –

Muito bem! Agora você já conheceu as letras do alfabeto na forma cursiva – maiúscula e minúscula! A Ovelha Rosa está muito feliz por fazer parte do seu aprendizado!